Toques Quentes

Valéria Walfrido

Toques Quentes

Como apimentar
seu relacionamento

2ª edição

São Paulo 2012

Copyright © 2012 by Valéria Walfrido

COORDENADORA EDITORIAL Letícia Teófilo
REVISÃO Adriana de Souza
PROJETO GRÁFICO E COMPOSIÇÃO S4 Editorial
ILUSTRAÇÕES Franklin Paolotti
CAPA Carlos Eduardo Gomes

Texto de acordo com as normas do Novo Acordo Ortográfico da Língua Portuguesa (Decreto Legislativo nº 54, de 1995)

DADOS INTERNACIONAIS DE CATALOGAÇÃO NA PUBLICAÇÃO (CIP)
(Câmara Brasileira do Livro, SP, Brasil)

Walfrido, Valéria
Toques quentes: como apimentar seu relacionamento / Valéria Walfrido. – 2. ed. – Osasco, SP : Novo Século Editora, 2012.

1. Intimidade (Psicologia) 2. Homem-mulher – Relacionamento 3. Sexo I. Título.

11-09440   CDD-613.96

Índices para catálogo sistemático:
1. Intimidade sexual : Técnicas : Manuais   613.93

2012
IMPRESSO NO BRASIL
PRINTED IN BRAZIL
DIREITOS CEDIDOS PARA ESTA EDIÇÃO À
NOVO SÉCULO EDITORA LTDA.
Centro Empresarial Araguaia II – Alameda Araguaia, 2190
11º andar – Cj. 1111 – Alphaville – SP – Brasil – 06455-000
Fone | Phone: 55 011 2321-5080 - Fax: 55 011 2321-5099
www.novoseculo.com.br
atendimento@novoseculo.com.br

O contato da pele, o pelo eriçado, corpos colados e sussurros apaixonados.

Este pequeno-grande livro é dedicado a vocês, homens, mulheres e casais apaixonados que adoram amar e serem amados de diferentes formas, utilizando-se de artifícios, como plumas, óleos, cremes, com posições que ativam o seu orgasmo e melhoram o seu desempenho e a sua potência sexual. Leve-o na bolsa, no bolso e *TOQUES QUENTES* seu amor em qualquer lugar e de toda a forma. Faça ferver o seu romance!

Valéria Walfrido

Apresentação

Olá! Que bom estar com vocês. Este livro traz grandes dicas e toques para vocês curtirem deliciosos momentos juntos e apimentá-los cada vez mais. Hoje em dia tudo acontece muito rápido, até mesmo no relacionamento a dois. É importante estabelecer um vínculo com a pessoa amada, e isso se faz com o tempo e com a convivência. Ao passar a fase inicial da paixão, é preciso dispor-se a conhecer o outro, saber como ele é de verdade, "na real", encarando seus defeitos. Cabe a ambos levar adiante o relacionamento e manter a chama acesa para torná-lo cada vez mais quente.

Este livro é destinado ao casal, para que ambos possam surpreender um ao outro com toques quentes. Aqui, vocês encontrarão dicas, cujo aproveitamento dependerá do conhecimento e do grau de intimidade existente que tiverem um com o outro. Nossa intenção é favorecer o prazer e fazer ferver o amor.

Casais avançados sabem que fantasiar não é coisa que todos fazem. Mas para vivenciar a fantasia sexual, é preciso haver intimidade e envolvimento suficiente entre ambos, para que o relacionamento seja cada vez mais prazeroso.

Sem perder mais tempo, vamos às dicas — testadas e aprovadas — para apimentar mais o relacionamento a dois.

Toque quente quem você ama e deseja.

Primeiros Toques

Mulher

- Nós, mulheres, apreciamos demais o vestir-se bem. Caso seu parceiro seja um pouco desleixado, não diga de imediato que o modo como ele se veste a desagrada. Quando estiverem passeando em um shopping center, sugira que determinada peça de roupa ficaria linda naquele corpo tão sedutor. Ele, certamente, acatará sua sugestão.

- Você também poderá fazer uma surpresa, presenteando-o com uma camisa ou bermuda ao seu gosto. Mas, antes, dê um jeitinho de mostrar para ele a peça que pretende comprar e observe sua reação. Assim você não corre o risco de ele aceitar apenas para lhe agradar e, depois, engavetar o presente.

- Ao saírem juntos para algum evento, diga exatamente aonde vão para não correr o risco de ele chegar de chinelos ou tênis, nem de regata ou camiseta em um jantar social, por exemplo.

- Muitos homens não gostam de ser tratados pelo diminutivo. E referir-se ao pênis dele no diminutivo (pintinho, pirulitinho, lindinho, bebezinho), nem pensar. Use o aumentativo.
- Você costuma acariciar os mamilos do seu homem? Não? Pois comece já. Levemente, toque com a ponta dos dedos em volta do mamilo. Experimente tocá-lo suavemente com a língua e, depois, sugue-o.

Homem

- Desmistifique essa coisa antiga e machista de que "homem não chora" e de que precisa ter várias mulheres, mesmo deixando muito a desejar em termos de sexo, até mesmo com sua própria parceira. Lembre-se: o importante é a qualidade e não a quantidade de mulheres que você irá possuir. Não tema ser romântico. Surpreenda sua mulher. Leve-a para um passeio no campo (não se esqueça de levar um bom vinho e petiscos). Choveu? Que pena! Em vez de cancelar o programa, transfira a praia, por exemplo, para o jardim de inverno ou

a piscina da sua casa... Serve até a sua banheira. Mas apenas vocês dois.
- Deixe os problemas profissionais na porta de entrada da sua casa. Lembre-se: você tem família e filhos que precisam de sua atenção. Saiba separar as coisas.
- Ligue-se! Surpreenda-a com flores e jantares, não importa se for pizza e refrigerante ou lagosta e champanhe.
- Para o homem que não conseguiu achar o clitóris de sua mulher, saiba que ele se localiza no terço superior da vulva, acima da união dos pequenos lábios, é macio e aumenta de tamanho quando excitado.
- TPM (tensão pré-menstrual) não é bobagem. Causa mudanças comportamentais na maioria das mulheres. Pode iniciar entre dez e quinze dias antes da menstruação e terminar no primeiro ou segundo dia de sangramento.

Atenção

- Use camisinha
- Realize exame preventivo periódico
- Tenha seu corpo em forma para você
- Ame-se

Toques iniciais

Mulher

- Não se dispa logo, deixe-o ficar bastante excitado. Tire aquele sarro com ele ainda vestido. Enfie a mão em sua calça e sinta o membro flamejante, doido para penetrar você.
- Quer enlouquecê-lo mais? Beberique licor de menta e faça-lhe sexo oral, de preferência próximo ao ar condicionado ou ventilador.
- Ele amou? Ótimo. Tome uns goles de água gelada ou de refrigerante, deixe um bocado na boca e faça-lhe sexo oral pra lá de refrescante. Mas não o dispa. Apenas abra o zíper da calça dele.
- Puxe-o para cama e dispa-o peça por peça, lentamente, admirando e elogiando aquele corpo.

- Beije a parte do corpo onde passar cada peça da roupa — camisa, cinto, calça, meia (caso ele esteja com chulé, pule essa etapa ou faça-a após o banho). Deixe-o dar prazer a você.

Homem
- Você gostou, não gostou? Então, dê o troco à sua parceira, enchendo-a de prazer!
- Dispa-a, sem que suas mãos deixem de tocar o seu corpinho. Alise levemente todo o corpo dela por cima da roupa e, só então, abra suavemente a blusa e toque seus seios por cima do sutiã. Pegue um seio em cada mão, como um cálice, e sorva o mamilo um de cada vez. Ela está delirando! Pois bem, deixe-a maluca: interrompa a carícia e ponha os seios de volta ao sutiã e abrace-a. Desate o sutiã, cheire-o e jogue-o de lado.
- Deixe cair a blusa e desça para a barriguinha de sua mulher. Dê leves mordidinhas em volta do umbigo dela e, com a língua, descreva pequenos círculos até o púbis (parte peluda). Aprecie seu corpo arrepiado, com os seios desnudos e intumescidos. Puxe-a para si e beije-lhe a boca.

- Desça mais e tire a calcinha dela com os dentes (mulher: auxilie-o com as mãos para que ele não a machuque). Beije-a mais, descendo até os joelhos. Enquanto beija os joelhos, acaricie-lhe a panturrilha (batata da perna).Volte a subir pela coxa e morda a parte interna da coxa, próximo à virilha.
- Pegue-a nos braços (só se você aguentar o peso) ou enlace seu corpo, colando-se a ela, e caminhem até a cama como se fossem um só. Ah! No chão, é ótimo!
- Deite-a suavemente com as pernas afastadas e sinta o cheiro de mulher que ela exala. Caso você não goste do cheiro do sexo oral, lembre-se de que ela fez em você e você adorou.
- Que tal pegar o licor e usá-lo. Sirva goles de licor e despeje um pouco em volta da vagina (dentro não, que arde!). Beije os pequenos e grandes lábios, explore bastante o território vizinho (períneo e grandes lábios), desenhando com a língua o contorno desse caminho da perdição. Só então chegue ao clitóris. Enquanto usa a boca, não se esqueça de usar as mãos para acariciar seus seios, barriga e

bumbum. Ambos estarão cheios de tesão, lubrificados e cheios de amor para dar. Penetre sua gata e deixe a chama arder.

1. Posição para o casal

Ela, deitada em decúbito dorsal (barriguinha para cima), pernas afastadas, quadris elevados e apoiados pelas pontas dos pés.

Ele, ajoelhado entre suas pernas, efetua a penetração e permanece estático (paradinho) enquanto ela efetua movimentos circulares com a pélvis, sentindo o membro rijo dele por todo o espaço interno da vagina.

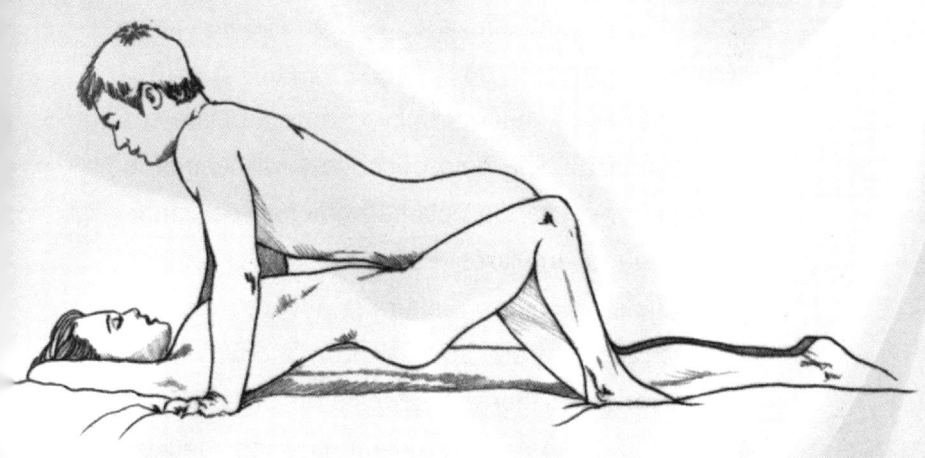

Mulher

- Pegue literalmente o pé do seu homem. Convide-o para um gostoso banho de banheira, de preferência em um motel. Lá, você não terá o trabalho de enxugar o chão nem terá de conter seus gemidos de prazer por medo de acordar os vizinhos ou de assustar seus filhotes, que poderão pensar que a casa está pegando fogo, e que o fogo começou no quarto de vocês, pois o calor será grande. Voltemos ao motel... Deixe a banheira encher. Não se esqueça de levar uma bucha vegetal (aquela com fibras naturais).
- Dispam-se e entrem na água morna e aconchegante. Sentem-se de frente um para o outro. Você começa a deslizar suavemente a bucha em seu homem. Inicie pelo pescoço e vá descendo pelo peito, passando pela barriguinha, realizando movimentos circulares. Passe a bucha de leve no pênis dele, que a essa altura já deverá estar em ereção. Siga estrada abaixo, indo da coxa em direção aos pés. Agora, esqueça a bucha. Leve um dos pés dele ao encontro de seus seios. Deixe-o

repousando lá. Pegue o outro pé e separe cada dedo, chupando de um a um. Enquanto isso, os dedinhos de seus pés estarão brincando com o sexo dele, mexendo no saco escrotal e no pênis. Ao sugar os dedos do pé, sinta o tesão do seu homem aumentar. Quando ele estiver louco, pule literalmente em seu colo, efetue a penetração e rebole.

- A caminho do motel, pense em coisas excitantes que vocês realizarão lá. Ponha de lado os problemas, prepare-se mentalmente para o sexo. Você estará mais sedutora e lubrificada, pois a cabeça é nosso ponto erótico.
- Não esqueça de, ao beijá-lo, colar seu corpo ao dele. Trocarão energia corporal e aumentarão o desejo de um pelo outro.
- Fale palavras picantes ao ouvido esquerdo do seu parceiro. Assim, elas irão mais rapidamente para o cerebelo, a parte do cérebro destinada ao prazer.
- Leve um pedaço de papel-alumínio (sim, o papel--alumínio utilizado na cozinha) e deixe-o ao lado da cama sem que ele perceba. Quando estiverem

próximo ao ápice, envolva o pênis e o saco escrotal dele com o papel e mordisque levemente com os dentes. Se você tiver restaurações dentárias de amálgama, cuidado para não levar pequenos choques e estragar a festa. Atenção: só faça essa surpresa se vocês tiverem bastante intimidade; do contrário, ele achará que você é louca.

Homem
- Faça uma surpresa para a sua gata. Deixe-a observar você se despir. De frente para ela, tire a camisa, desabotoando-a botão por botão. Caso esteja com camiseta, tire-a lentamente, movimentando cada músculo do seu peitoral e braços para que ela devaneie. Só então retire o cinto, puxando-o de uma só vez e desabotoe a calça. Daí, vire-se de costas para ela e deixe a calça baixar juntamente com a cueca. Ao virar-se, deixe que ela veja o presente: um laço de cetim vermelho em volta do pênis, que você amarrou antes de sair para apanhá-la ou no toalete do motel. Peça-lhe que retire o laço com a boca.
- Abrace-a carinhosamente por trás, para que ela sinta você coladinho ao corpo dela. Segure suave-

mente cada mecha de seu cabelo e, ao seu ouvido, diga o quanto a deseja e as loucuras que gostaria de fazer com ela, bem como as loucuras que adoraria que ela fizesse com você!

- Após despi-la, e enquanto estão naquele sarro pra lá de gostoso, insira um dedo no ânus e outro na vagina dela, efetuando movimentos circulares e vibrantes, fazendo uma massagem naquela área. Ao mesmo tempo, realize um sexo oral legal, estimulando o clitóris dela com a língua. O gozo dela virá rápido. Obs.: Não penetre os dedos com força e tenha as mãos asseadas com antecedência.

- Pegue uma taça com vinho ou champanhe e derrame sobre ela, delicadamente. Por onde o líquido escorrer, siga sugando com a boca, inclusive no púbis e nos lábios vaginais.

- Na hora do amor, deite-a de lado, efetue a penetração vaginal por trás e acaricie todo o corpo dela. Você terá as mãos livres para fazê-la gemer de prazer. Aproveite e massageie seu clitóris e mamilos. Ah! Não esqueça de massagear o osso do quadril, é extremamente prazeroso.

2. Posição para o casal

Ele, deitado em decúbito dorsal (barriguinha para cima). Ela vem por cima, encaixa o pênis dele na sua vagina e então, lentamente, fecha as pernas e alinha os ossos dos quadris, tentando elevar o tronco enquanto apoia seus pés nos dele, que estarão fletidos, impedindo-a de escorregar. Ela faz movimentos circulares com a pélvis. Curtam esse gostoso encaixe!

Mulher

- Em pleno escurinho do cinema e durante um filme de ação, abra o zíper do seu amor e comece a masturbá-lo.
- Mande-lhe um e-mail ou um bilhete, dizendo o que fará com ele quando se encontrarem à noite.
- Pegue um picolé e, entre uma lambida e outra, lambuze o seu corpo e o dele. Então, lambam-se ao mesmo tempo.
- Vista aquela calcinha com abertura embaixo e saia com ele. Façam amor no carro, na praça, em lugares diferentes.
- Ponha uma coleira e diga que é sua cachorra.

Homem

- Um truque para enlouquecê-la no sexo oral é separar os pequenos lábios e puxar a pele que recobre o clitóris para cima. Use a língua para tocá-la, enquanto acaricia os grandes lábios e faz pressão suave na virilha de sua gata.
- Sua amada adorará se você tocá-la suavemente com a ponta dos dedos e descrever o contorno do

seu rosto, indo da testa aos lábios. Vá descendo e, enquanto suga suavemente o lábio inferior dela, acaricie-lhe a parte de trás do pescoço. Mordisque os lábios dela, sugue o seu lábio superior e prenda-o em sua boca, enquanto se esfrega, ainda vestido, naquele corpo que lhe dá tanto prazer.

- Faça um toque diferente no clitóris de sua mulher. Lubrifique os dedos com óleo e comece tocando na parte entre o umbigo e parte peluda da vagina, fazendo pequenos círculos nos sentidos horário e anti-horário. Repita o movimento nessa área peluda.

- Quer dar ainda mais prazer a ela? Toque a parte interna da coxa, suba até o púbis e, com a ponta dos dedos, puxe suavemente os pelinhos nas mais diversas direções. Use a outra mão para tocar os mamilos dela.

- Pegue aquele óleo que costuma ter em motéis (ou leve o seu), pingue por toda a extensão do corpo despido dela e use seu corpo para espalhar o óleo. Após esse esfrega-esfrega, penetre-a e amem-se!

3. Posição para o casal

Ambos sentados no chão, um de frente para o outro. Ela, com as pernas entreabertas e afastadas, uma de cada lado, apoiadas nos antebraços do seu gato, efetuará o encaixe. Ele poderá erguer seu quadril, enquanto apalpa o bumbum dela. Ela o auxilia, apoiando e empurrando as mãos dele no chão e fazendo movimentos circulares e pendulares com os quadris.

Mulher

- No chuveiro, pegue aquele sabonete líquido que você levou escondido e se ensaboem um ao outro. Não economizem sabonete nem tesão.

- Após um delicioso banho morno, pegue uma toalha molhada, fria, e envolva o seu corpo. Depois, abrace seu homem e peça-lhe que a aqueça.

- Convide-o a participar de um banho de chuveirinho do bidê, ou com a mangueira do chuveiro. Coloque o jato mais forte nas costas e abdome e reduza a intensidade da pressão ao chegar no saco escrotal e pênis do seu homem. Cuidado com a temperatura da água para não queimar ou danificar o seu objeto de prazer.

- Deixe o pudor de lado. Assistam a um vídeo erótico juntinhos e tentem realizar o que viram na fita. Mas só façam o que realmente for prazeroso para ambos. A era da submissão acabou.

- No restaurante, procure sentar-se e ficar de frente para ele. Retire o sapato e, com o pé, vá do tornozelo à virilha do seu gatão. Peça-lhe que faça o mesmo em você. E para a surpresa dele, você estará sem calcinha. Para isso, saia de casa sem calcinha ou tire-a no toalete do restaurante, mas ao voltar do toalete, cuidado para não tropeçar...

Homem
- Ofereça-lhe um jantar à luz de velas. Não sabe cozinhar? Peça o jantar em um restaurante que faça entregas em domicílio e compre velas longas com antecedência. Se tiver castiçais em casa, perfeito! Caso contrário, improvise. Receba-a com fundo musical de saxofone, de preferência ao som de um blues. Seja um gentleman. Após o jantar, sirva um licor e convide-a para visitar seu quarto, que estará totalmente às escuras. Façam amor curtindo a pele um do outro e o reflexo da luz do luar no vidro da janela.
- Vende os olhos dela (ainda vestida) com uma máscara, lenço ou gravata. Dê alguns giros nela para que fique um pouco desnorteada, encoste-a na parede e retire peça por peça da sua roupa, despindo-se em seguida. Alterne toques pelo corpo da sua tigresa com a boca e com o pênis, esfregando, roçando e batendo levemente com ele de encontro ao corpo dela.

- Cuide do que é seu. Passe hidratante por todo o corpo da sua mulher. Demonstre o quanto curte esse momento precioso de ambos.
- Dispa sua gatinha. Pegue uma toalha de rosto, uma bacia (no motel, solicite uma bacia à recepção) com água morna e, devagar, molhe a toalha, retire o excesso de água e passe-a pelo corpo dela. Ao chegar nos genitais, coloque a toalha entre as pernas dela e faça movimentos de trás para a frente (anteroposterior). Deixe-a roçar na intimidade de sua potranca.

4. Posição para o casal

Ela, deitada, com as pernas afastadas e os pés fora do chão. Ele, ajoelhado entre as pernas dela. Após a penetração, ele a ajudará a colocar os pés ou panturrilha (batata da perna) em seus ombros. Ela ergue os quadris e parte das costas, em uma posição que favorece o orgasmo feminino, pois o fluxo sanguíneo, vindo das pernas elevadas, se intensifica na região pélvica.

Mulher

- Brinque de esconde-esconde com ele na penumbra. Deixe-o encontrá-la escondida e já despida.
- Coloque uma calcinha para lá de sensual e sussurre no ouvido dele, pedindo-lhe que a arranque com os dentes.
- Crie o clima. Prepare o ambiente comum, música sensual e faça um *strip-tease* para ele. No livro Toque Sensual eu explico tudinnnho!
- Ligue para ele, dizendo que acordou no cio. Peça-lhe para vir correndo.
- Utilize uma linguagem obscena na cama. Ele poderá adorar!

Homem

- Faça a diferença! Quando estiver no auge da transa, efetue a penetração vaginal por trás e peça a ela que urine. A pressão e o líquido quente dará uma sensação inimaginável.
- Lamba a parte de trás do joelho dela, morda sua panturrilha e mordisque seu calcanhar-de-aquiles. Ela amará!

- Deixe os filhos na casa da sogra ou da avó e preparar o ambiente em casa para reconquistá-la. Coloque pétalas de rosas pelo caminho da porta de entrada até o quarto e aguarde a chegada dela, deitado, despido, e ao lado de uma bandeja repleta de frutas, ou chocolates variados, e chantili. Faça a festa NELA!
- Coloque um chumaço de algodão nos ouvidos de ambos e façam sexo sem som, atiçando os outros sentidos. Crie um clima leve. Na hora da transa, use os dedos para acariciar os ombros e a lateral do tronco, seguindo pela cintura. Com a outra mão, siga do pescoço, descendo até a base do cóccix (ossinho próximo àquela divisão do bumbum). Passe com a mão entre essa divisão das nádegas e apalpe essa deliciosa protuberância com toques suaves, fortes, lentos. Puxe-a ao encontro de seu membro já ereto.
- Não trepe. Faça AMOR!

5. Posição para o casal

Ela, deitada de costas (decúbito dorsal) e com as pernas elevadas indo ao encontro do peito dele. Ele, ajoelhado, com as mãos apoiadas no solo e o abdome apoiado na parte posterior de suas coxas, faz movimentos de vaivém após a penetração. Essa posição é ótima para pênis pequenos e em estado de semiflacidez. Essa posição favorece uma penetração profunda e diminui a possibilidade de o pênis escapulir.

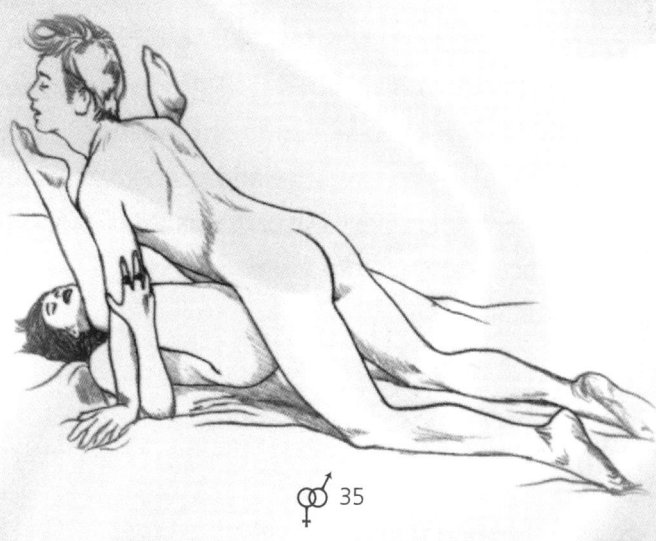

Mulher

- Ligue para ele e masturbe-se pelo telefone. Descreva tudo o que você está fazendo.
- Use o vibrador na frente dele. Masturbe-se e deixe-o entrar no clima.
- Passe mel ou chocolate em sua vagina e guie a cabeça dele até lá. Dirija o sexo oral, ordenando que ele seja como você preferir: forte, suave, rápido, lento.
- Deixe seu maridão alucinado: faça uma massagem no períneo dele (a "terra de ninguém", como eles falam, que fica entre o saco escrotal e o ânus). Faça pressões alternadas.
- Beije os testículos dele. Sugue-os e emita o som de BRUMBRUM (similar ao barulho do motor de um carro): quanto mais estridente, melhor! Esse som não deve ser pronunciado como se fosse uma palavra, mas deve vir da garganta. De outro modo, ficará parecendo que você engasgou (imagine a cena!).

Homem

- Peça a ela que guie suas mãos pelos pontos mais quentes do seu corpo.
- Mulher adora fazer surpresa e paparicar os homens. Faça o mesmo! Compre uma lingerie picante e peça a ela que desfile para você.
- Siga todo o ato sexual com calma e carinho, das preliminares à penetração. Mesmo que você esteja com bastante vontade de dar aquelas estocadas, mude o ritmo. Dessa vez, você será a diferença.
- Sugira que usem máscara na próxima transa e não se falem. Ajam como se fossem estranhos, alimentando um desejo animal de sexo, em uma noite de carnaval em um motel barato.
- Deite sua parceira nua e enfeite-a com frutas ou salgados de sua preferência e delicie-se. Não use as mãos, apenas a boca para comê-la. E, depois, use o pênis.

6. Posição para o casal

Ele, após a penetração, a mantém encostada na parede, forçando seu quadril de encontro a ela. Ela estará apoiada na parede, com as pernas afastadas. Ele, tendo um bom preparo físico, poderá fazer essa posição sem ter de apoiar-se na parede ou na mesa, podendo "passear" com ela sentada, literalmente, em você. Mas cuidado no momento do seu gozo, pois as pernas, certamente, tremerão.

Mulher
- Diga que já não aguenta mais de desejo. Façam amor na garagem ou na escada do motel. Após esse prazer, subam e tomem uma ducha quente, relaxem e preparem-se para a próxima.
- Vá para a cama brincar de par ou ímpar com seu homem. A regra é a seguinte: se você ganhar, pede que ele faça algo em você; se ele ganhar, quem pede é ele.
- No sexo oral, passe a língua em diversas direções e sentidos, com rotações e trepidações, especialmente no freio do pênis (pele que une a parte de baixo do membro masculino). Em meu livro Toque Sensual há exercícios para trabalhar esses movimentos.
- Toque e acaricie os mamilos do seu homem. É uma área esquecida pela maioria das mulheres.

Homem
- Coloque uma venda nos olhos de sua tigresa e beije as diversas partes de seu corpo. Porém, antes de beijar, assopre levemente o local onde irá beijar.

- Faça sexo anal lento e gostoso com sua mulher, deitando-se na posição colher. Nessa posição, ela poderá controlar sua penetração. Não esqueça de lubrificar bastante aquela área. Ah! Não se esqueça de ser extremamente carinhoso com ela.

- Hoje, com todos os avanços da tecnologia, nós mulheres adoramos ser tratadas com carinho e gentileza. Pode parecer bobagem, mas é extremamente importante.

- Abra as portas para ela.

- Em qualquer lugar que forem, seja em um restaurante francês ou em um barzinho, puxe a cadeira para que ela se sente. Um *gentleman* é sempre *gentleman*.

7. Posição para o casal

Ambos ajoelhados, um de frente para o outro. Ele, com o pé direito apoiado, e ela, com o esquerdo (lá vocês resolvem o melhor apoio para cada um). Após a união dos quadris e a penetração, ambos olham-se, deliciando-se com esse momento, e movimentam-se lentamente, um ao encontro do outro, enquanto inspiram a expiração do outro, sentindo o bater dos corações. Homem, não tema ser romântico. Essa é uma virtude que muitos deveriam buscar.

Mulher

- Crie um código para dizer quando deseja transar com ele. Darei algumas sugestões:
  - Toque no bumbum dele de forma discreta e diferente.
  - Dê um nome ao membro dele e diga "Estou louca de saudades do BOB (o nome do seu pênis)".
  - Dê um jeito de acariciar seus seios sensualmente, entreabrindo os botões da blusa.
  - Use a criatividade. Esse toque costuma apimentar relacionamentos, especialmente se usado em público.
- Coloque seu homem em pé. Abra o zíper da calça dele, puxando seu membro para fora, agache-se, sem falar nada, e faça um sexo oral vigoroso. Ao acabar, guarde o pênis de volta e saia silenciosa. Depois, ligue para ele e diga que deseja repetir a dose. Então, ele faz em você.
- Quer dar mais prazer ainda ao sexo oral? Faça um anel com os dedos indicador e polegar na base

do pênis dele, pressionando firmemente. Inicie o sexo oral, mantendo a pressão, e solte próximo ao gozo. O orgasmo dele será fan-tás-ti-co!

- Lamba o pênis com a parte de trás da língua: a sensação e o toque no pênis serão diferentes.
- Chupe o dedo indicador do seu homem e pergunte que nível de sucção ele gosta no sexo oral. Calma lá! Não basta pedir o dedo e chupar. Faça dengo!
- Vá ao escritório dele, tranque a porta de acesso e, sem falar nada, tire a calcinha em frente dele, aproxime-se, transem e cheguem juntos ao clímax ou, perto do clímax, interrompa e masturbe-o vigorosamente.

Homem

- No motel, após o almoço, peça café. Mesmo que não costume tomá-lo, valerá o sacrifício. Sigam até a cama abraçadinhos, deite-a e, como quem não quer nada, comece a alisá-la. Siga até as pernas, abra caminho e, após beber alguns goles de café, toque o clitóris dela com a boca ainda morna. Vá fundo e use a língua. Faça mais e mais, até tomar todo o café. O perigo é ela pedir que você tome um bule de café.

- Faça uma massagem em sua mulher, simplesmente para mimá-la.
- Peça uma foto dela e ponha na sua carteira, mas só faça isso se quiser realmente que a foto fique lá.
- Ligue para ela e diga-lhe que deseja raptá-la.
- Marque um jantar à luz de velas e ao som de violinos. Caso esteja acima do seu orçamento, faça isso na varanda de sua casa.

8. Posição para o casal

Ele, em pé, por trás da sua mulher, faz a penetração vaginal. Sugira que ela levante uma das pernas e acaricie-a em suas partes mais íntimas, percorrendo-as com os dedos e acariciando aquele corpo entregue a você.

Mulher
- Espalhe bilhetes picantes por toda a casa e deixe que ele a encontre vestida apenas por uma echarpe ou gravata. Lembra-se da cena do filme "Uma linda mulher"?
- Ponha camisinha nele com a boca. Treine em uma banana com casca ou em um pepino.
- Masturbe-se para ele. Caso fique encabulada, feche os olhos e imagine-se sozinha e pensando nele, é claro!
- Gemer durante a transa faz o tesão do homem aumentar. Saber que está lhe proporcionando prazer deixa-o aceso. Abuse dos gritinhos, sussurros e gemidos.
- Pegue-o de surpresa. Tire o pênis ainda adormecido da cueca e desperte o "moço" com a boca; deixe-o transformar-se no incrível Hulk.

Homem
- Diga que a ama, mas apenas se esse sentimento for verdadeiro.

- Ligue para ela no meio da tarde para dizer que sente saudades. Pode parecer bobagem, mas as mulheres adoram ser interrompidas dessa forma.
- Envie-lhe flores. Guarde as palavras para falar pessoalmente. Não é fraqueza o homem verbalizar seus sentimentos.
- Cozinhe para ela, mesmo que seja omelete ou macarrão. Vindo de quem se ama, quase tudo é válido.
- Ponha sua gata no colo e acaricie seus cabelos simplesmente. Atos dizem muito para o casal que se curte.

•••

O TOQUE DA PLUMA

Amarre suavemente seu parceiro na cama, com as pernas e os braços afastados e deitado de barriguinha para baixo (decúbito ventral). É importante dizer-lhe que você só quer proporcionar-lhe muito prazer e que não o machucará. Assim, ele ficará mais tranquilo. Alguns homens ainda sentem receio quando não estão com as rédeas da situação.

Vamos descrever os movimentos.
- Use a pluma percorrendo o corpo dele de baixo para cima, com movimento circular. Capriche nas articulações e naquela marquinha onde passa o elástico da cueca.
- Ao chegar aos testículos, apalpe-os e use a pluma.
- Monte em seu homem e percorra com a pluma as costas, os braços, a lateral da cintura... Ao chegar ao pescoço, na área que vai da orelha ao ombro, lamba, sopre e passe a pluma. Esfregue sua vagina nele, com movimento de cavalgar, enquanto desata as mãos dele, pedindo-lhe que vire. Use a pluma no membro já intumescido e aproveite a chance de ter aquilo tudo. Pule e faça a festa. Faça movimentos de oito invertido com os quadris e esfregue seu clitóris nele. Deixe as pernas dele atadas até o final. Possua aquele corpinho.
- Para fazer essa posição, é preciso criatividade, imaginação e oportunidade.

Foi bom para você?

9. Posição para o casal

Ela, deitada em decúbito ventral (barriguinha para baixo), com um travesseiro embaixo dos quadris. Ele, deitado em cima, fazendo a penetração vaginal por trás e encaixando-se, faz movimentos circulares com o pênis, favorecendo o orgasmo dela, que poderá estimular manualmente o seu clitóris ou pedir carinhosamente que ele o faça, guiando a mão dele até lá e dando o ritmo da fricção que lhe proporcione mais prazer.

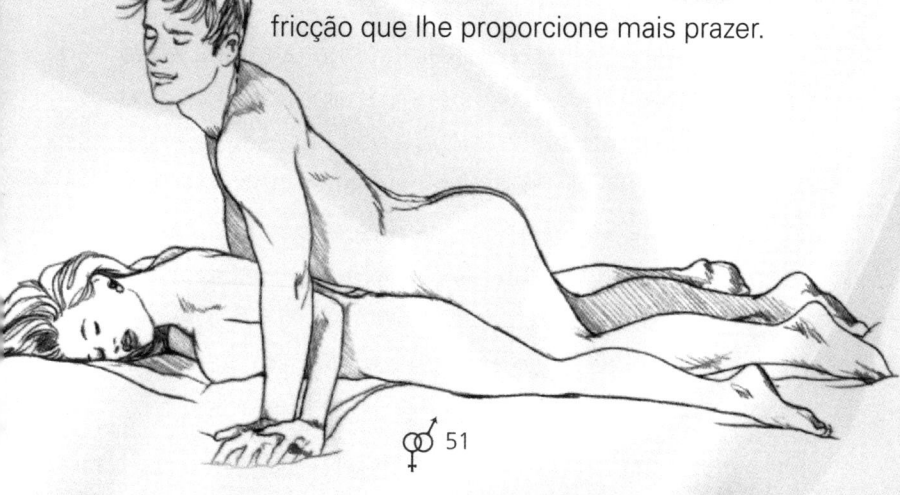

Mulher

- Se você se sente bem com seu corpo, desfile completamente nua ou com uma minúscula calcinha, comendo uma maçã ou um morango sensualmente. Faça charme!

- O homem adora ter seu pênis envolvido pela sua boca no sexo oral, inclusive a glande (cabeça do pênis), e você pode atordoá-lo mais, descendo a língua e colocando o testículo dele na sua boca, mexendo suavemente com a língua.

- Não esqueça: após a transa, o pênis fica muiiito sensível ao toque. Deixe o membro descansar um pouco e concentre sua atenção nos cafunés e carícias nos ombros, ou simplesmente aconchegue-se a ele.

- Algumas mulheres sofrem com a perda da libido que pode ser causada até por hipotireoidismo. O iodo encontrado em algas e peixes costumam ajudar na normalização do funcionamento da tireóide. Consulte seu médico. Há diversas outras causas que podem acarretar perda de prazer, incluindo um mau parceiro sexual. Seja exigente. Dê e queira prazer, porém não assuste seu homem: seja sutil.

- Leve um pote de sorvete para o apartamento do seu amor e diga que a sobremesa é por sua conta. Só não lhe diga que a sobremesa — o sorvete — será servida nele! Espalhe boas colheradas de sorvete no corpão do seu homem e mande brasa!

Homem
- A TPM provoca retenção de líquidos, inchaços, vontade de comer doce e chocolates, tristeza, depressão e até sono. Tudo é biologicamente justificável. Atenção: respeite e entenda esse período da mulher que você ama, pois tudo isso independe da vontade dela.
- Quando o papo não está indo bem com uma gata, um amigo pede a outro que telefone para ela e invente uma desculpa para cair fora. Se você fez ou faz isso, seja discreto para não ofender a moça. Você não gostaria de passar por isso, não é?
- Os homens são muito diretos e desejam logo partir para o rala e rola. Não tenha pressa. Tente o jogo da conquista, fazendo charme, beijando o rosto, a testa, e deixando-a com vontade de beijar sua boca.

- Para melhorar a sua língua, uma boa dica é chupar um morango, movimentando-o na boca, fazendo dele uma extensão da sua língua. Mas cuidado para não deixar o morango cair.

- Compre um sutiã meia-taça para ela e sussurre que deseja tomar champanhe em seu corpo e naquela taça.

10. Posição para o casal

Ambos deitados. Ela por cima dele. Antes de fazer a penetração, ela roça a vagina na coxa dele, estimulando seu clitóris. Excitando-se sobre a perna flexionada dele, ela lhe pede que a penetre e continua roçando-se no corpo dele, rapidamente. Perto do clímax, ela reduz a velocidade, para curtir o delicioso momento, e toca os testículos dele.

Mulher
- Um jeito de sexo oral que os homens adoram é quando a mulher segura o pênis já ereto pela glande e passa a língua nele, lambendo do testículo à ponta.
- Se você quer um truque imediato para a ereção acontecer, sugue o cotovelo do seu homem enquanto acaricia o peito dele e o saco escrotal. A ereção ocorrerá rapidinho.
- Experimente deitar seu homem em decúbito ventral (barriguinha para baixo), com um travesseiro no quadril, e faça massagem das coxas ao bumbum. Chegando nele, apalpe-o, passe a unha de leve nas nádegas e centralize o saco escrotal, amolegando suavemente. Esquentou!!!! Use a língua.
- Elogie o pênis do seu homem. Elogie a ereção dele. Elogie seu formato e o encaixe dele em você...
- Lá vai uma ajuda nutritiva! Que mel é doce, todos sabem; mas o que pouca gente sabe é que o mel fornece boro ao organismo, um mineral que ajuda a metabolizar o estrogênio (hormônio sexual femi-

nino). Portanto, adoce seu ato sexual: use mel em você e em seu parceiro. Se você for portador de diabetes, consulte seu médico.

Homem

- O clitóris é o mais potente órgão desencadeador de prazer feminino, sua função é apenas esta. Para quem não sabe, o clitóris possui de 6 a 8 mil terminações nervosas, quase a mesma quantidade que seu pênis. Deve-se saber como manipular essa região das mais variadas formas — com os lábios, os dedos, a língua, os dentes... —, pois a sensibilidade é imediata à menor mudança de toque. Procure captar a reação da sua mulher e a forma como ela gosta de ser tocada intimamente.

- Dispa a calcinha de sua mulher e, com carinho e muiiitos beijinhos, sente-a numa poltrona. Ajoelhe-se no chão, puxe-a para si de forma que os quadris dela fiquem quase de fora do assento, e permaneça entre suas pernas. Comece a beijar-lhe os joelhos e vá subindo pela parte interna da coxa, chegando até a vulva. Beije os pequenos e os grandes lábios, beije a área com pelo, prossiga até a barriguinha e volte ao umbigo. Retorne ao ventre de sua mulher e deixe-a louca, alternando a pressão, a forma e a velocidade do toque com a língua, com os dedos e com a palma da mão.

- Atenção: ao penetrar sua parceira com o dedo, seja delicado. Lembre-se de que você não é médico e não está fazendo nenhum exame clínico. Muitas mulheres se queixam da brutalidade dos homens em relação a esse toque. Seja seguro, não bruto. Elas agradecerão.
- Ainda para estimular o clitóris, use a língua em movimentos circulares, desenhando pequenos e grandes círculos em volta do clitóris. Explore também as áreas adjacentes. A plateia feminina agradece.
- Para treinar o movimento acima, faça o seguinte: em um copo de licor, coloque um pouco de vinho e uma uva ou azeitona. Então, faça movimentos com a língua em diversos sentidos, estendendo-a até o fundo do copo, circundando a sua borda nos sentidos horário e anti-horário, e passando a língua de um lado para outro, em movimento pendular.

Observe que sua musculatura bucal poderá ficar um pouco dolorida pela falta de hábito e de prática. Pratique algumas vezes durante a semana e depois faça ao vivo. Ela notará a diferença.

11. Posição para o casal

Ele, deitado em decúbito dorsal (de costas). Ela, montada nele. Enquanto ele aprecia seu bumbum e acaricia sua cintura, agarrando-a pelos quadris como a uma potranca, ela o excita, acariciando-lhe o testículo, o períneo, a coxa e toda a região em volta do pênis, arranhando-o levemente com as unhas e pontas dos dedos. Ela controla o ritmo da penetração e, ainda, treina o seu pompoar (contrações vaginais) no membro rijo de seu amado.

Mulher
- Varie a iluminação da casa enquanto espera seu gato. Coloque abajures com lâmpadas de cores variadas — laranja, verde, azul, vermelha — em pontos diferentes da casa. Apague as outras lâmpadas e espere-o em sua poltrona com uma camisola sensual, comendo um morango com chantili ou sugando uma banana com mel, sem se esquecer do olhar sexy.
- Se vocês estiverem habituados a uma transa rápida e forte, surpreenda-o e transe de forma bem lenta, curtindo cada momento. Você só corre o risco de ele ser rapidinho e deixar você na mão. Caso isso aconteça, tente outras vezes, pois a inovação é bem-vinda.
- Peça ao homem da sua vida para escrever três fantasias inconfessáveis e faça o mesmo. Depois, ele escolhe uma fantasia sua, você escolhe uma dele e, durante a transa, deem esse prazer um ao outro.
- Se você tem a chave do apartamento do seu gato, faça-lhe uma surpresa. Pegue espelhos de diver-

sos tamanhos emprestados ou compre-os e decore o quarto do seu amor. Depois, pegue-o no trabalho e, ao chegarem ao apartamento, vende os olhos dele, leve-o até o quarto e faça a festa nesse motel só de vocês. Mas só invada o apartamento dele se, realmente, ele tiver lhe dado espaço para isso.

- Se ele gosta de fantasiar, decore o seu apartamento e espere-o vestida de gueixa ou de dançarina do ventre. Além da roupa, faça o que puder para entrar no clima desse sonho.

Homem

- Tenha sempre milho de pipoca, chocolate ou sorvete em casa e comam assistindo a um filme, deitados no tapete ou no sofá da sala. No inverno, isso é ideal. Não menospreze um programa simples como esse.
- Ao acordar com o membro intumescido, acorde a sua mulher esfregando-se e fazendo clima. Quando ela virar-se, querendo mais, você pula da cama e diz que à noite ela terá tudo o que tem direito. Ela passará o dia sonhando com o anoitecer.

- Mude a aparência do seu pênis. Se ela está habituada à moita (muito pelo), apresente-lhe o deserto. Depile-se totalmente! (O crescimento dos pelos provoca coceira e incomoda um pouco, mas vale tudo para vê-la feliz.)
- Se vocês têm uma boa sintonia, marque um encontro com ela em um pub ou bar com ambiente à meia-luz e boa música (jazz, por exemplo) e siga para lá disfarçado — peruca, barba ou bigode postiços — e paquere-a. O clima do local ajudará na fantasia. Caso fique envergonhado, com medo de encontrar algum amigo, escolha um local que vocês nunca tenham frequentado.
- Seja gentil. Os homens, às vezes, são muito práticos e se esquecem de detalhes que as mulheres adoram. Que tal reservar um hotel, um quarto, uma pousada e enchê-lo de flores do campo ou de outras, da preferência dela? Esse pequeno gesto certamente aumentará sua pontuação com ela e não doerá nadinha em você. Os homens estão deixando a sensibilidade aflorar e isso é muito bom.

12. Posição para o casal

Ele, sentado com as pernas cruzadas. Ela por cima dele, apoiada nos seus joelhos, faz a penetração e encaixa, rebolando e fazendo movimentos de sobe-e-desce. Nessa posição, ela domina a transa e controla a penetração.

Mulher

- Em datas especiais, como aniversário de namoro, dia dos namorados, comemoração de noivado e até comemoração de aniversário de casamento, espere seu homem embrulhada para presente. Providencie uma caixa bem grande ou, se isso for difícil, envolva-se em fitas de cetim e faça um grande laço. Detalhe: use apenas isso e aquele perfume que ele a-do-ra!

- Bem atrevidamente, encoste-se em seu homem e peça que ele explore você. Ops! Que explore a sua vulva (púbis, clitóris, grandes e pequenos lábios). Primeiro, ele o faz com a mão, e depois, bem depois, peça que ele seja mais criativo.

- Encomende um chocolate em forma de pênis e coma na presença dele de modo bem sedutor, lambendo, sugando, chupando... Deixe a imaginação de seu homem voar até você.

- Grave um CD ou fita com as músicas prediletas de vocês e dê-lhe para escutar no carro. A memória auditiva masculina é muito boa.

- Quando ele chegar em casa, corra e receba-o com um abraço apaixonado. Pendure-se no seu homem e dê-lhe um beijo de tirar o fôlego. Envolva a cintura dele com suas pernas e cole seu corpo ao dele. Se você estiver gordinha e ele for magrinho, melhor não arriscar. Varie, empurrando-o contra a parede e colocando seu corpo ao dele.

Homem
- Massageie sua mulher. Homem adora receber massagem. Que tal tocar sua parceira de forma relaxante? Com um filme romântico para assistirem juntos, ela ficará mais receptiva a você.
- Massageie os pés do seu amor.
- Concentre o seu toque nas costas da sua mulher.
- Faça amor em lugares diferentes da casa. Vale até no escurinho na varanda ou no quintal.
- As mulheres, hoje em dia, já não toleram homem desleixado! Ponha-se em forma. Faça dieta, matricule-se em uma academia — e frequente —, vá para um spa — e siga a dieta — e mude também seu guarda-roupa.

13. Posição para o casal

Ele, sentado e reclinado em uma poltrona ou cadeira. Ela, sentada no colo dele, permitindo a penetração. Ele ajuda na penetração, apoiando e pressionando os ombros dela. Essa posição é ideal para pênis pequeno, pois se o membro for muito grande pode machucar a parceira.

Mulher

- Surpreenda seu homem: ponha uma filmadora no quarto ou na sala e filme vocês em cenas quentes, como um sexo oral muiiito legal ou um transa inusitada. Deixe passar alguns dias e convide-o para assistir a um vídeo. Faça-lhe uma bela surpresa com esses "atores" quentes.

- Surpreenda seu homem: vá direto para o ataque. Coloque aquele olhar penetrante e vá até ele sem meias-palavras. Desabotoe a camisa dele, baixe-lhe as calças e possua-o ali mesmo, sem dizer nada. Vale até, em um lance de impetuosidade, rasgar-lhe a camisa. Depois, dê-lhe outra camisa de presente. Ele vai adorar sua atenção.

- Fale bem de si mesma. Suas palavras serão recebidas pelo lobo frontal do seu homem e alimentarão nele a percepção de que você tem uma boa autoestima. Uma gata que transpira confiança torna-se mais sexy.

- Diga que ele tem poderes de despertar seus desejos animais. Arranhe, mordisque (cuidado para não machucar) e diga que não sabe como ele a deixa assim, louca e alucinada de desejo (só diga isso se for verdade!).

- Preservativos descartáveis são usadas desde os anos 1930. Atualmente, eles estão bem melhores e devem estar presentes na vida de homens e de mulheres. Leve-os na bolsa ou no bolso. Com o sexo tão presente na vida das mulheres de hoje, exija o uso de preservativos.

Homem

- Seja romântico. Coloque uma cesta de palha (aquelas de piquenique) com frutas, bolos e doces no banco traseiro do carro ou na mala e leve-a para um piquenique urbano no alto do seu prédio ou do prédio em que ela trabalha. Em sua hora de lanche, logicamente.
- Não economize elogios à sua mulher. Toda mulher adora elogios. Há situações simples, nas quais cabe perfeitamente um elogio, mas que o homem, com seu excesso de praticidade, às vezes deixa passar. Por exemplo, tente notar quando ela muda o corte ou a cor do cabelo; ou procure re-

parar quando ela está usando uma roupa nova ou diferente das que costuma usar, e elogie!

- Depois da transa, não se vire imediatamente de lado para dormir. Agarre-se a ela, aconchegue-se ao seu corpo, envolva-se nos cabelos dela como quem procura a segurança de um ninho. Mesmo que você prefira dormir de lado, fique um pouco assim, trocando energia com ela. Isso fortalece o relacionamento.

- Ajude sua parceira a "pegar no pesado". Caso estejam sem empregada, lave a louça, leve as crianças para a escola, recolha a roupa suja, providencie o jantar ou o almoço, nem que seja pedindo comida por entrega em domicílio. Com um mínimo de habilidade culinária, você faz, no almoço, uma macarronada com ovos (não há homem que não saiba fazer esse prato) e, à noite, pede uma pizza e namoram um pouco. Que tal?!

- Entre uma folga e outra no trabalho, telefone para ela. Não precisa de nenhum motivo especial. Apenas telefone para ela, diga coisas bonitas ou diga apenas que está com saudade. Mulheres adoram ser interrompidas no trabalho por quem amam.

14. Posição para o casal

Ele sentado, pernas afastadas. Ambos apoiados pelas mãos e reclinados para trás. Você, homem, continua seus carinhos e traz sua mulher ao encontro de seu corpo e entre suas pernas. Encaixe dentro dela seu membro rijo e sussurre para que ela ponha os pés sobre seus ombros. Enquanto se fundem em um só corpo, mirem-se nos olhos, gerando um elo corporal. Transcendental. Essa posição é ótima para pompoaristas.

Mulher

- Experimente usar um vestido leve, que defina sua silhueta. Se você se esquecer de colocar a calcinha ou o sutiã, ficará mais sexy. Tente usar esse traje à noite ou na penumbra... Ele não desviará os olhos de você.
- Homens adoram saltos altos, daqueles que ajudam as pernas a ficarem bem delineadas. Use salto alto com saia ou vestido. A cabeça de muitos homens vai se virar para ver você passar.
- Não apele para saia muito curta ou decote muiiito ousado: você pode exagerar e queimar seu filme. Há homens que perdem o interesse na relação por puro medo. Saiba dimensionar o limite entre sensualidade e vulgaridade.

Homem

- Não se esqueça de usar camisinha para não ter de descartar seu amigão: o pênis.
- Não tenha pudor. Apure as técnicas de beijar, lamber, sugar e tocar sua mulher. As mulheres estão cada vez mais criteriosas.

- Envolva a face de sua amada com ambas as mãos e beije todo o rosto dela: testa, nariz, bochechas, queixo, laterais do pescoço... Depois, retorne à ponta do nariz e desça para a boca, explorando-a. Só depois aqueça-a com beijos mais ardentes.
- Brinque no anonimato. Se você tem uma parceira que topa quase tudo, marque um encontro em um bar e peça que ela vá vestida de modo totalmente diferente ao que está habituado a vê-la. Chegue já fervendo, abrace-a, beije-a e tire aquele sarro. E transe em pé, ali mesmo, no escurinho.
- Envie um e-mail para ela pedindo-lhe que o encontre em determinado restaurante. Reserve uma mesa e, quando ela chegar, deixe um bilhete com o *maître* pedindo-lhe que vá até o toalete masculino. Quando sua gata chegar, possua-a ali. Aqueça o clima lá e voltem à mesa. Jantem e terminem a noite juntinhos, com mais tempo, dessa vez para um amor mais calmo.

15. Posição para o casal

Ele, sentado e com as pernas estendidas. Ela, sentada delicadamente em cima dele, com as pernas afastadas e flexionadas. Ocorre a penetração. Lentamente, ela se deita sobre as pernas dele, aumentando o ângulo de penetração e propiciando uma melhor visão de seu corpo, quente e suado de prazer, aumentando o toque corporal frontal. Assim, ele poderá acariciá-la nos seios, ventre, púbis e, ainda, estimular seu clitóris, enquanto ela mexe e remexe os quadris contra a pelve dele, aumentando suas sensações prazerosas e sentindo cada centímetro de seu homem.

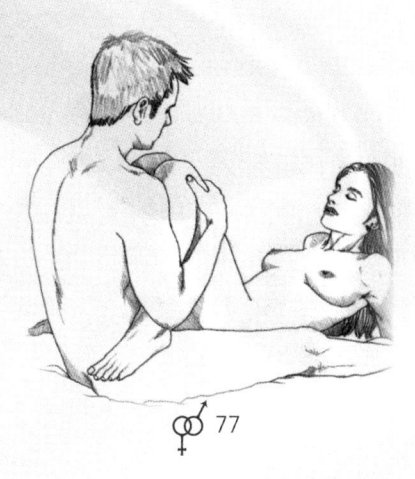

Mulher

- Não encha seu pretenso namorado com perguntas como "Que carro você tem? Quanto você ganha? Onde você trabalha?". Mesmo que seja apenas curiosidade, isso é horrível. Ele ficará com a impressão de que você quer sondá-lo.
- O clima já esquentou e você está para lá de quente e lubrificada. Sente-se na barriga de seu homem, com a cabeça voltada para os pés, e faça-lhe um toque quente. Massageie o pênis dele, mas só um pouco, senão ele a deixará na mão, e você não quer isso, quer? Após uma breve apalpada no sexo dele, lubrifique suas mãos (pode ser com saliva) e toque em seu saco escrotal. Dessa vez, ele estará deitado. Deslize as mãos do joelho ao ventre do seu homem, no sentido ascendente, e, ao chegar no saco escrotal, utilize as unhas levemente e também as palmas das mãos, tocando-o como quem está lidando com massa de modelar. Cuidado com esse tipo de toque, pois você corre o risco de amassar a joia do seu homem se apertá-lo demais. Pegue leve.

- Ainda fazendo uso do seu tesouro masculino, após o aquecimento sexual e quando ele já estiver todo lubrificado, dê-lhe um presente: faça um toque de vaivém. Pegue o escroto dele com o polegar e o indicador e segure o pênis com a outra mão. Utilizando os cinco dedos e a palma da mão, segure firme e faça o movimento de vaivém. Enquanto puxa o saco escrotal, faça o movimento de subida com a mão que estiver segurando o pênis. Observe se o que o excita mais é o ritmo rápido, lento ou moderado. Ao sentir o pênis pulsando, ele estará pronto para o gozo. Então, faça-lhe sexo oral e ele irá às nuvens.
- Se você estiver solteira, sem companhia no momento, não se desespere. Homens que valham a pena estão cada vez mais raros. Não desanime. Se desejar apenas sexo sem compromisso, lembre-se de usar preservativo, até mesmo para sexo oral.

Homem

- Depois de alguns drinques, leve sua mulher para a cama, deite-a e peça-lhe que feche os olhos. Então, coloque uma uva ou azeitona verde sobre as pálpebras dela e peça-lhe que não deixe cair. Enquanto isso, você faz carinho com a boca naquele corpinho que tanto lhe dá prazer.

- Deite sua mulher em decúbito ventral (de barriga para baixo) com muito carinho e vende os olhos dela. Toque o corpo dela com um vibrador (compre um para surpreendê-la), alternando com toques do seu membro. Alerta: apenas você poderá tocá-la! Finalize com a penetração vaginal por trás.
- Você, homem, adora escutá-la dizer: "VOU GOZAR!". Então, capriche mais nas preliminares. Há mulher que demora bem mais que outra para se aquecer; porém, quando se aquece, sai de baixo ou, melhor, fica embaixo, em cima, do lado...
- Nenhum homem tolera mau humor... Mulher também não!

16. Posição para o casal

Ambos deitados de lado, em posição contrária, um em direção aos pés do outro. Ambos se tocam e exploram todo o corpo do parceiro com suavidade e sofreguidão. Ela passa a perna sobre o quadril de seu homem e deixa que ele apoie a cabeça em sua coxa, para não forçar o pescoço de seu homem, usando a mão, a boca e a criatividade para este momento de total entrega.

Mulher

- Se seu amor não sabe beijar, pegue sutilmente os lábios dele e ensine-o com suavidade. Beije os lados dos lábios e ao redor deles e só então chegue aos lábios. Seja sutil, caso ele queira abocanhar você. Segure-o pelo queixo e diga que adoraria comandar o show dessa vez. Prossiga, sem salivar ou efetuar penetração profunda com a língua. Seja suave e mostre a ele como você gosta de ser beijada. Lembre-se de que o beijo é a preliminar do ato sexual, é onde ocorre a primeira penetração antes da penetração do membro masculino. Capriche!

- Evite usar perfumes muito doces. Homens não os apreciam muito. Prefira colônias para o dia e um perfume mais forte para a noite. Perfume-se e peça a opinião de um amigo (homem) sobre o cheiro do perfume na sua pele. Lembre-se de que você não usará o perfume apenas para conquistar seu companheiro; primeiro, ele tem de ser bom para você. Nada de sacrifícios nesse caso. Atenção, pois há homens alérgicos a determinados perfumes, incensos e desodorantes.

- Se você acabou de conhecê-lo em um bar e está na fase da conquista, conversem um pouco e, quando notar o interesse dele, deixe uma frase no ar e diga que precisa voltar para sua mesa, junto a suas amigas, mas que adoraria terminar o papo.
- Se vocês tiverem intimidade suficiente, capriche no toque ousado: acaricie o saco escrotal dele. Utilize, bem suavemente, as unhas para realizar movimentos circulares em todo o testículo, começando pela parte de baixo, onde fica a linha do períneo, e subindo em direção à raiz do pênis.
- Aqueça seu homem com beijos e sarrinho. Abaixe a calça e a cueca dele, encoste-o na parede e, ainda com as mãos no pênis do seu homem, faça um anel (com o polegar e o indicador) em volta do saco escrotal e dê uma leve puxadinha. CUIDADO! É para dar, realmente, uma "leve" puxadinha. Isso terá um efeito estonteante, especialmente se ele estiver em pé, com pernas ligeiramente afastadas.

Homem

- Não tema ser romântico. Ao acabar de fazer amor, escreva no espelho como foi gostoso. Use pequenas palavras, como: "Adorei! Amo você". Desenhe um coração com as iniciais ou com os nomes dos dois. Parece bobo, porém é de grande efeito para o coração feminino.

- Ponha, embaixo do travesseiro ou daquela almofada que ela tanto gosta, um anel, uma pulseira ou uma grande barra do chocolate que ela mais gosta.

- Passe um e-mail dizendo que está com saudades e que adoraria vê-la logo mais à noite. Não seja meloso. Há mulheres que não gostam!

- Após o almoço gostoso no motel da preferência de vocês, quando for escovar os dentes, não se esqueça de colocar creme dental na escova de dentes dela.

17. Posição para o casal

Essa parece difícil, mas não é!

Ambos sentados, com as pernas flexionadas, trocam carícias e toques apimentados. Ele puxa-a para cima de suas coxas e, colando seu peito junto ao dela, faz um laço corporal, estando as pernas dela em volta dos quadris dele. Após a penetração, ela o sente pulsar dentro de seu corpo quente. Então, lentamente, ambos se reclinam ao mesmo tempo, um em direção oposta ao outro, e, lentamente, apoiam-se nos ombros e braços um do outro. Essa posição propicia um encaixe diferente, que pode ser estimulado com a pressão dos braços.

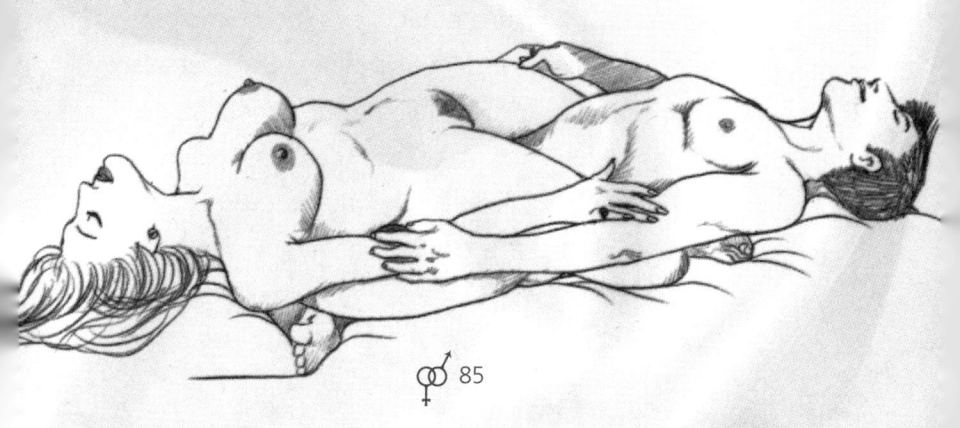

Mulher

- Homens adoram mulheres volumosas, para terem em que pegar. Corpinho de modelo, só em desfile e na TV. Eles adoram apalpar.
- Quando ele estiver tomando uma ducha rápida, faça-lhe uma surpresa: entre no box e masturbe-o no chuveiro. Fazer isso logo cedo é muito bom!
- Sorria para ele e para todos à sua volta. Transmita bons fluidos ao seu redor.
- Brinque com o olhar em frente ao espelho, seja artista por um dia. Pratique a linguagem dos olhos. Mas sem vulgaridade. Nada de boca aberta, língua indo e vindo e olhar de peixe morto. Eles de-testam!
- Um toque importantíssimo! Mulheres chateiam--se quando o homem amado esquece datas comemorativas e não notam as pequenas mudanças que ela faz no visual, como corte de cabelo ou cor de esmalte. Eles não fazem por mal. O hipocampo deles, região do cérebro em que se armazenam assuntos ligados a emoções, é menor que o da mulher e possui menos receptores de estrogênio.

Nós possuímos mais e somos mais sensíveis. Portanto, se quiser que ele se lembre de datas importantes, peça à secretaria dele para anotá-las em sua agenda ou deixe recados na porta da geladeira, como: "Hoje teremos um dia de surpresa: é nosso aniversário!" Use a imaginação. Somos ótimas nisso.

Homem
- Caso tenha acabado de conhecê-la e queira que ela se comunique com você, peça o celular dela e coloque seu número na agenda, com a desculpa de que está sem cartão pessoal no momento. Se ela estiver interessada, ligará na certa, e você não correrá o risco de escutar a velha desculpa de "perdi seu cartão".
- Saia sempre perfumado. A mulher de hoje não acha sexy homens cheirando a suor. Leve sempre no carro sua colônia masculina. O cheiro dela, se combinar bem com a sua pele, ajuda a despertar o desejo de sua mulher.
- Ao beijar sua gata, não penetre a língua tão fundo nem percorra rapidamente dentro da boca de sua

mulher. Não salive nem babe. Alguns homens pensam que beijar gostoso é deixar a boca e os lábios de sua mulher babado. Capriche na escovação dos dentes, incluindo a língua e as gengivas. Não se esqueça de usar fio dental e de fazer bochechos com refrescante bucal. Ela ficará impressionada com o seu hálito.

- Estudos realizados nos Estados Unidos citam a aveia como um cereal rico em fibras solúveis, que aumentam a qualidade da testosterona disponível no sangue. Se é assim, não custa nada tomar vitamina de aveia e mel pela manhã, para melhorar seu vigor na hora do amor. Verifique se você é portador de diabetes e não exagere no consumo para não ganhar uns quilinhos a mais.

18. Posição para o casal

Ele, deitado em decúbito dorsal, com as pernas afastadas. Ela, agachada e envolvendo as pernas dele, deixa-se penetrar, podendo controlar a penetração à medida que vai sentindo o prazer da entrada vaginal e se deleita com a ida e vinda do membro dele.

Mulher

- Se você quer que seu homem seja um verdadeiro romântico e ele, nada, experimente convidá-lo para preparar um ambiente romântico com você. Peça: "Amor, ponha a toalha..." ou "Amor, acende as velas para mim... Vê onde ficam melhor. Adoro suas sugestões!". Incentive seu homem. Dizendo do que gosta e como gosta fica mais fácil para ele assimilar. Homens são diretos e, muitas vezes, não se prendem a detalhes que, para a mulher, fazem a diferença.

- Quando quiser surpreender seu homem, não precisa preparar com detalhes todo o ambiente. Direcione sua energia para o que realmente sabe que ele gosta. Homens são muitos diretos e funcionais quanto ao que querem. Na maioria das vezes não percebem detalhes, como tons diferentes de cores em lençóis, edredons ou toalhas de banho, assim como não reparam em babados e bicos.

- É comprovado cientificamente que as mulheres falam duas vezes ou mais que os homens e que mudam de um assunto para outro muito rapidamente. Para o homem, é difícil acompanhar essas mudanças. Por isso eles ficam dispersos enquanto tagarelamos sem parar. Quer um conselho? Caso queira conversar algo sério com seu homem, seja direta: trace uma reta e siga em frente. Fale de lado para ele e perto do ouvido direito. Às vezes, quando o homem se coloca de frente em uma conversa, seu olhar se perde e ele não percebe o que você quer realmente dizer.

- Use seus olhos. Fixe seu olhar nos olhos dele, inclusive durante a penetração. Ah! Experimente um ritmo lento. A energia sexual percorrerá "a mil" o corpo de vocês.

Homem
- Uma queixa das mulheres é que homens salivam muito na hora do beijo. Beijo "babento" e com a boca muito aberta é o fim! Tente fazer pressão com a boca, como se fosse uma ventosa. Faça leve, mas com pressão.
- Analise sua língua no espelho. Estique a língua, movimente-a para as laterais e para cima e para

baixo. Faça movimentos circulares e pendulares. Capriche nisso. Sua parceira vai amar.

- Analise seu pênis quanto ao formato, tamanho e dimensão. Você poderá verificar as melhores posições para agradar sua mulher. A genitália feminina também varia de mulher para mulher. Em meu livro *Toque Sedutor* há ilustrações e explicações sobre esse tema.

- Chegando ao motel, enquanto sua mulher conhece o quarto (toda mulher gosta de examinar quarto de motel), verifique se há flores artificiais e se elas são soltas. Se tiver, coloque rapidamente uma no chão, ao lado da cama. Quando o clima esquentar, dispa sua mulher e percorra o corpo dela com a flor artificial. O toque diferente provoca outro estímulo e uma nova resposta corporal.

- Admire sua mulher. Ao chegarem ao hotel ou motel, ajoelhe-se carinhosamente aos pés dela e descalce suas sandálias. Ela irá se derreter com esse gesto. Nós, mulheres, adoramos pequenas gentilezas e nos apegamos em detalhes.

19. Posição para o casal

Ambos de quatro.

Ele faz a penetração vaginal por trás.

Ela, enquanto isso, levanta uma das pernas para o lado, a fim de que a penetração ocorra livremente e roce suas paredes vaginais, e rebola ou pede a ele que busque seu "ponto G" e o friccione. A sensação é maravilhosa.

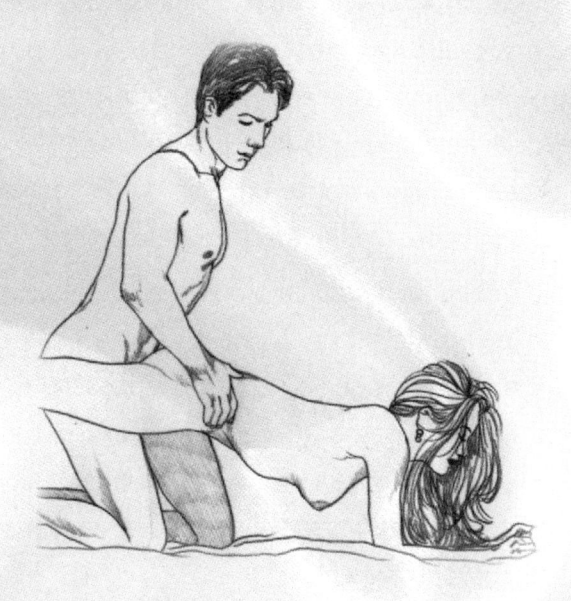

Mulher
- Aproveite a viagem de ônibus e crie uma estratégia para transar naquelas cadeiras. É meio incomodo, mas o fato de estarem rodeados por pessoas desconhecidas cria um clima quentíssimo e erotizado. Vá ao toalete, tire a calcinha (esteja de saia ou com shorts folgados), sente-se de ladinho e comece o chamego. Pegue o membro dele, já ereto e lubrificado, permaneça de lado e deixe-o penetrar você. Delire, mas cuidado com os suspiros e sussurros, pois as cadeiras são próximas demais. Tente essa sensação diferente de sentir prazer calada. Depois que ele ejacular, limpe-se com o papel que você trouxe de casa ou do banheiro, relaxe um pouco e, então, vá ao toalete.
- Leve um banquinho para o box e convide seu parceiro para uma ducha. Ligue a água e peça que ele a ensaboe. Pegue o depilador e peça-lhe que a depile, cuidadosamente, como se fizesse a barba. Se tiver medo, guie a mão dele, ensinando como fazer. Entre uma raspadinha e outra, dê-lhe beijinhos por todo o corpo.

- Você costuma usar echarpe?! Então, use-a de modo diferente. Seu homem irá adorar. Quando o clima esquentar, tire a calça dele e envolva seus testículos com a echarpe e manipule seu pênis. Quando ele estiver quase gozando, aperte um pouco mais o laço do echarpe, mas sem exagero para não quebrar o clima.
- Coloque-se por trás de seu homem, lamba as mãos e masturbe-o nesse ângulo. Ele verá o movimento que você faz e estará literalmente nas suas mãos.
- Durante aquela transa deliciosa, quando seu amor estiver prestes a ejacular, ponha a mão e toque com os dedos, tamborilando levemente, como percussionista.

Homem

- Ao voltar de viagem ou de férias, após abrir a porta, deixe as malas no chão e agarre sua parceira antes de fazer qualquer outra coisa. Transem ali, no chão. Deixe o tesão renovado das férias permanecer entre vocês.

- Evite tocar de imediato na vagina de sua mulher. Ao fazê-lo, utilize as pontas dos dedos e vá aos poucos, apalpando e alisando.
- Mulheres não gostam de homens relaxados. Cuide-se. Mantenha o rosto barbeado, faça limpeza de pele, apare a barba e o bigode. Seja vaidoso!
- Você já lambeu sua gata como gatos costumam fazer? Não! Leve a gata até a mesa (verifique com antecedência se a mesma aguenta estripulias), dispa-a, deite-a na mesa e espalhe diferentes tipos de licores por todo o corpo dela. Depois, comece a lambê-la, indo dos pés à cabeça, sem deixar nenhuma parte sem lamber. Ao chegar nos pontos excitantes dela, chupe-a.
- Se sua mulher for sacaninha, fotografe seu pênis em ereção e mande para ela por e-mail ou entregue pessoalmente. Diga-lhe que é assim que você fica quando pensa nela.

20. Posição para o casal

Ambos em pé. Ele por trás dela. Ela arrebita o bumbum, oferece uma penetração vaginal por trás e inclina-se para a frente, como se fosse tocar o chão com as mãos, ou apoia-se em um banco ou cadeira. Após o encaixe, ela flexiona as pernas e pede a ele que segure seu tornozelo. Assim, ele guiará a transa e roçará a coxa dele em você.

Mulher
- Deixe um gravador na cabeceira de sua cama e, ao fazer amor com seu homem, grave seus gritos de prazer. Depois envie para o escritório dele, com etiqueta de "urgente" e peça bis.
- Convide-o para ir à sua casa. Deixe a porta do quarto entreaberta e diga-lhe para espiá-la. Dispa-se lentamente, passe creme no corpo, masturbe-se e não o deixe entrar enquanto você não estiver molhadinha. Sussurrando, peça que ele vá até você e a possua.
- Ofereça-lhe um jantar em sua casa. Ao ir até a cozinha, tire a calcinha, coloque-a em uma bandeja de prata e leve para ele, dizendo que o restante da comida encontra-se na cozinha. Corra para lá, debruce-se sobre o fogão, empinando o bumbum, e espere para ser comida.
- Coma seu homem. Faça sexo oral em seu homem. Tenha água gelada e açúcar granulado ao lado. Lamba-o com açúcar. Faça sexo comendo seu homem.

- Leve-o a um hotel fazenda e, à tardinha, convide-o a um passeio à beira do rio. Leve uma canga, toalha de banho ou até mesmo uma toalha de mesa. Simule os preparativos para um lanche, sentem-se e, aos poucos, dispa-se e dispa-o. Façam amor lentamente, ao luar e à beira do riacho.

Homem
- Peça a sua amada para vestir algo bem sexy e provocante. Aluguem um filme pornô e assistam juntos. A cada cena excitante para você, toque-a com desejo. Após a fita, façam as cenas demonstradas no filme. Se não der para acabar de assistir, não tem problema. O importante é deixar o tesão entre vocês fluir.
- Convide sua amada para uma sessão de massagem. Peça-lhe que permaneça imóvel e, após despi-la, deite-a confortavelmente. Peça-lhe que deixe você tocá-la de todas as formas em seu corpo e siga gradualmente. Ao final da massagem, toque em seus genitais, faça-a ficar molhadinha e comece, então, a tocá-la com seu pênis bastante rijo.

Peça-lhe para guiar seu membro para dentro dela. Agora você estará em suas mãos.

- Vocês moram sem crianças, sem sogra, em um dos últimos andares do prédio? Que booom! Chame seu amor para a varanda, tomem um drinque, comecem a se beijar e tirar aquela casquinha. Dispam-se e transem ali ao vento, ao luar. Deixe o apartamento na penumbra, para se sentir mais à vontade, e mande ver. Penetre-a delicadamente e vejam estrelas.

- Surpreenda sua mulher: em um dia quente, em uma tarde tórrida, leve-a a sua casa, separe cubos de gelos e deixe o chão forrado com uma toalha. Deite-a, espalhe o gelo por todo o corpo dela, deixe derreter e sugue o gelo. Leve em sua boca uma porção e use a língua em seus genitais.

- Sua amada merece ser o centro de sua atenção. Convide-a para sair, apresente-a a seus amigos. Demonstre o quanto está feliz por tê-la conhecido.

21. Posição para o casal

Essa posição é ótima para a mulher pompoarista.

Ele, deitado em decúbito dorsal (barriguinha para cima). Ela, sentada sobre o membro dele, arrebita os quadris, empina o bumbum e desliza suavemente as pernas ao lado dele, abraçando-as enquanto inspira e suga o membro rijo dele para dentro de si.

É delicioso quando efetuado com movimentos lentos e suaves.

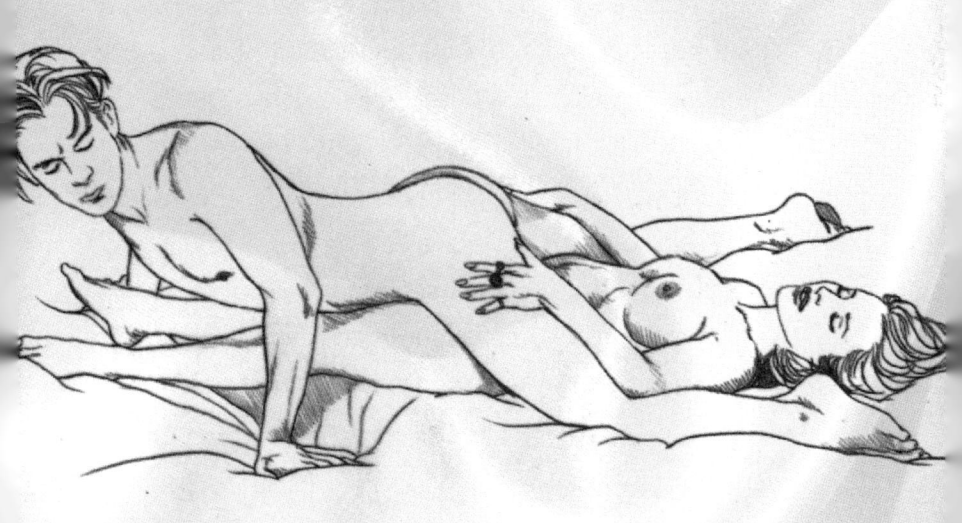

Mulher

- Sacaneie seu homem. Toque, beije, lamba, ofereça-se para sexo anal. Boline seu homem, sempre perguntando se ele está pronto para gozar. Quando ele disser sim, interrompa e peça que ele se masturbe. Veja o jato de prazer escapulir daquele corpinho.
- Abuse do seu homem. Ao fazerem amor, leve para a cama sabonete líquido, ensaboem-se e vão para o chuveiro. Embaixo d'água, ao retirar a espuma, pegue os dedos ensaboados e, simultaneamente, use um para manipular o membro dele e o outro, para penetrar em seu ânus. Ele subirá pelas paredes. Caso ele fique constrangido e não queira esse tipo de toque no ânus, respeite.
- Quando ele sair para jogar com os amigos, espere-o na sala como se fosse sua cadela. Fique de quatro, nua, diga-lhe que quer ser penetrada por ele ali e do jeito que ele está: suado! Peça-lhe que cubra você como um cavalo faz com uma égua no cio.
- Convide-o para ir ao cinema, mas, antes, prepare suas armas: um lenço ou papéis. Ao iniciar o filme,

ponha a mão no membro dele (por cima da roupa) e comece a boliná-lo. Retire o pênis da calça e masturbe-o, interrompendo algumas vezes para um sexo oral prolongado. Ao senti-lo latejante em sua boca, afaste-se, pegue o lenço e masturbe-o até que ele solte a última gota daquele líquido prazeroso. Enxugue-o direitinho, para que ele não saia do cinema com aquela mancha delatora na calça. E pergunte se ele gostou do filme.

- Compre um monte de revistas eróticas e leve seu homem ao seu apartamento. Peça-lhe para mostrar a você as posições de que ele mais gosta. Escolham cinco posições cada um e pratiquem, ainda de roupa. Quando estiverem excitadíssimos, dispam-se e façam pra valer!

Homem
- Ao penetrar totalmente sua mulher, efetue movimentos circulares. Agora, tente fazer com o pênis parcialmente penetrado.
- Ao penetrá-la, peça para ela tocar-se, especialmente no clitóris. Perceba como ela efetua o mo-

vimento para você fazer das outras vezes. Preste atenção inclusive no ritmo.

- Banque o policial. Alugue uma roupa a caráter, inclua um par de algemas, pegue sua mulher no trabalho e diga que irá levá-la detida. Apalpe-a na frente de todos, encoste-a na parede, algeme-a e mostre-lhe o que você é capaz de fazer.
- Presenteie a sua gata com uma correntinha de tornozelo. Diga-lhe que agora você a pegou pelo pé.
- Não fale da sua ex-mulher na cama. É brochante para ela também.

22. Posição para o casal

Ela, deitada, meio que de ladinho, dobra levemente a perna e deixa que ele toque seu sexo e massageie seu clitóris. Ele a penetra vaginalmente por trás, propiciando a ela um orgasmo intenso pela estimulação clitoriana e vaginal pelo estímulo do ponto G. Haja tesão!

Mulher

- Lamba o pênis de seu amado com a parte de trás da língua. A sensação é bem diferente do que com a parte da frente da língua.

- Coloque uma blusa fina, de seda ou de crepe, com um lindo sutiã rendado; se tiver um belo colo, desabotoe os primeiros botões.

- Em vez de cabelo cheio de laquê ou mousse, prefira-o solto, bem lavado e com cheirinho floral ou silvestre. Seu homem vai apreciar. Eles detestam mulher com frescura, cheia de não-me-toques quanto aos cabelos. Homem gosta de afagar a cabeça e de alisar cabelos naturais.

- Chegue antes no apartamento de seu gato e encha o teto do quarto, bem em cima da cama, de estrelas fosforescentes autocolantes. Ao irem para a cama e durante o amor, mostre-lhe que ele faz você ver estrelas.

- Façam amor na chuva. Além de extremamente prazeroso, vocês se sentirão naturalmente selvagens.

Homem

- Nunca diga que ela está gorda; sugira apenas que está mais cheinha. Ela entenderá o recado.
- Cuide de sua forma física. Mulheres também estão preferindo homens que se cuidam fisicamente.
- Mande decorar um quarto de motel com rosas de diversas cores e peça para jogarem pétalas no chão e sobre a cama. Você a deixará impressionada e mais apaixonada.
- Dê um banho em sua gata. Prepare a banheira com sais de banho, dispa-a e leve-a nos braços até o banheiro. Pegue uma bucha macia, molhe e vá, aos poucos, ensaboando sua amada. Curta esse momento. Certamente o sexo será mais prazeroso e você a deixará mais apaixonada.
- Se você é muito peludo e não costuma aparar os pelos pubianos, inove raspando-se e faça uma surpresa para ela. Crie o hábito de aparar os pelos íntimos. É mais higiênico.

- Ponha um turbante em forma de casquinha de sorvete na cabeça (se não tiver turbante, vale enrolar alguns lenços na cabeça) e diga a ela que irá satisfazer todos os seus desejos sexuais, e espere as ordens dela para a imediata execução.

23. Posição para o casal

Ele, deitado, de barriguinha para cima. Ela, montada sobre ele, cavalga-o, friccionando o clitóris na púbis dele, insistindo para ter um orgasmo clitoriano. Para ter um orgasmo pelo estímulo do ponto G, ela pode reclinar-se e apoiar uma ou ambas as mãos nas coxas dele, enquanto faz movimentos circulares e deixa que o pênis dele faça uma varredura em seu interior, roçando, assim, seu ponto excitatório.

Mulher

- Exiba-se para seu homem: use saltos altos. Eles adoram! Saltos altos deixam as pernas mais torneadas e o bumbum empinado. Se não souber andar de saltos altos, pratique em casa.

- Apare os pelos pubianos em vez de raspá-los ou depilá-los. Deixe uma penugem, como uma barba por fazer, para roçar seu homem. Durante a transa, toque levemente o corpo dele, principalmente as partes sem pelos, como rosto, bumbum ou as costas, para que ele sinta mais os toques.

- Pince o pênis de seu parceiro e, com os dedos indicador e polegar, pegue a pele do pênis e puxe-a para trás, com o pênis ainda adormecido. Efetue a manipulação, sem deixar a pele soltar-se, e peça que ele a penetre dessa forma. A intensidade do prazer dele aumentará sensivelmente. O único risco será ele ejacular antes da hora devido a essa maior sensibilidade dentro de você. Vale dar-lhe esse prazer.

- Quando estiverem no rala-e-rola, ele a penetrando por trás (penetração vaginal, viu, mocinha!), você insere o dedo no seu próprio ânus (eu disse "no seu", viu, mocinha!). A sensação será demais para você e para ele, que perceberá o movimento e sentirá seu dedo pressionando-o através da fina parede que separa o canal anal do vaginal.

- Experimente tomar banho no escuro com seu parceiro. Vende seus olhos e os dele e inicie o banho, um ensaboando o outro. As sensações irão duplicar-se, inclusive quando beijarem a boca e o sexo e brincarem de esconde-esconde, buscando o sexo um do outro para efetuarem a penetração.

Homem
- Acorde antes dela e prepare uma bandeja de café da manhã bem apetitosa, coloque uma rosa e leve para ela na cama. Caso ela ainda não tenha acordado, alise seus cabelos e chame-a carinhosamente.
- Peça que ela explique qual é o seu período de TPM e pergunte se você pode fazer alguma coisa para ajudá-la.
- Antes de ir para casa, passe na bomboniére que ela adora e leve alguns chocolates, especialmente

com sabores de menta ou licor. Aproveite a deixa e use para um gostoso sexo oral.

- Ao masturbar sua mulher, e quando ela estiver lubrificada, insira os dedos em sua vagina com movimentos de torção, como se estivesse parafusando algo. Vá lenta e mansamente...
- Ponha sua mulher em decúbito ventral (barriguinha para baixo), com as pernas bem afastadas, e penetre-a por trás (penetração vaginal). Habilmente, pegue com ambas as mãos os lábios vaginais dela, deixando seus dedos roçarem nas laterais do clitóris. Enquanto faz a penetração, aumente o ritmo da fricção.

24. Posição para o casal

Deixe sua mulher subir em você, literalmente. Ele começa chamegando e a despe todinha. Quando ela estiver toda lubrificada, ele a encosta na parede, flexiona uma de suas pernas e apoia as costas dela em seu quadril, efetuando a penetração enquanto bolina aquele corpinho sensual.

Sexo Oral

Atenção homens e mulheres: asseio é indispensável no sexo oral. Não é preciso usar desodorantes íntimos, mas apenas água e sabonete, de preferência neutro.

Toques picantes para ELE fazer sexo oral com ELA

- Convide-a para uma ducha e tome a iniciativa de ensaboá-la. Percorra seu corpo com o sabonete, deslizando por suas partes íntimas. Enquanto a excita com seu maravilhoso toque, você faz a higiene íntima dela. Faça isso e agache-se ali mesmo, iniciando o sexo oral embaixo do chuveiro, ou enxugue-a carinhosamente e continue a fazê-lo na cama.

- Beije o púbis de sua mulher, desça para os pequenos e grandes lábios, beije o períneo e só então atinja o clitóris.

- Abra os lábios vaginais de sua mulher com os dois dedos e mergulhe a boca entre aquela área, lambendo e batendo com a língua em seus genitais enquanto manipula o clitóris.

- Penetre o dedo em sua vagina lubrificada e sugue o clitóris. Esfregue sua cara naquela área, mas não deixe as mãos paradas: utilize-as para apalpar as outras partes do corpo de sua felina.

Toques picantes para ELA fazer sexo oral com ELE

- Sugue o pênis dele como um picolé.
- Forme um anel com os dedos indicador e polegar na base do membro. Comece beijando a glande (cabeça do pênis), vá descendo e movimente os dedos e a boca em direções opostas.
- Pare de movimentar a boca e mexa apenas os dedos. Use também a língua.
- Pare de movimentar os dedos, pressionando o anel na base do pênis, e mexa a boca, deixando a pele do pênis repuxada.
- Lamba lateralmente o pênis e mordisque-o como se fosse uma espiga de milho.

A prática de sexo oral exige precauções. Há doenças sexualmente transmissíveis (DST) que podem passar pela mucosa. Algumas delas são: hepatite, herpes, HPV, Aids. Seus vírus podem estar presentes tanto na ejaculação quanto no líquido que lubrifica a vagina e o pênis.

Espero que tenha sido bom para vocês!
Grande beijo,

Valéria Walfrido

Sobre a autora

Valéria Walfrido é terapeuta corporal, professora, pesquisadora e escritora, conhecida nacionalmente pela seriedade de seus trabalhos, sempre embasados em pesquisas com o público em geral e abordando tópicos de interesse comprovado de homens e mulheres. Em seu currículo, incluem-se os seguintes cursos:

- Curso Superior de Educação Física e de Fisiologia
- Curso de Psicomotricidade (Profa. Michele Escobar)
- Curso de Expressão Corporal, Estudo e Conhecimento das Emoções
- Simpósio Internacional do Desporto em Adaptação Muscular ao Crescimento e ao Exercício Físico (FESP)
- VIII Workshop Physical Meeting International of Personal Training
- Curso de Ioga e Relaxamento (Professora Nelma Guerra)
- Simpósio de Medicina Aplicada à Educação Física e ao Desporto (Fundesp)

- Curso de Atividade Física e Qualidade de Vida (Prof. Vitor Massudo)
- Conferências sobre Atividades Compensatórias e Vícios Posturais (Prof. Sergio Guida)
- Curso de Jazz Exercice (Coreógrafa Velucha Franco)
- Curso de Jazz (Coreógrafo Diógenes Magalhães/BA)
- Curso de Atualização em Educação Física e Desportos
- IX Wokshop Physical Meeting Step Avançado/Resistência/Cinesiologia (Gabriela Retomor/Argentina)
- IX Workshop Physical Meeting Internacional Composição Corporal e Prescrição de Exercícios (Prof. Anatole Carvalho)
- Curso de Ginástica Aeróbica (Mauro Guiseline/SP)
- Curso de Ginástica Rítmica Desportiva (Profª Lucy Bizzoch/SP)
- Dança Moderna (Anick Mancovert/Paris-França)
- Dança Clássica (Eliana Cavalcanti /Goiás)
- Curso de Jazz (Bailarina Inês Aguiar/radicada EUA)

- International Certificate Jazz Course/For Culture Affair Dance Departament (Coreógrafa Sharon Romeiko/EUA)

INFORMAÇÕES SOBRE NOSSAS PUBLICAÇÕES
E ÚLTIMOS LANÇAMENTOS

Cadastre-se no site:

www.novoseculo.com.br

e receba mensalmente nosso boletim eletrônico.

novo século®